COMITÉ DE LA CROIX DE BOURGOGNE

APPEL AUX SOUSCRIPTEURS

La "Bataille de Nancy"

CONFÉRENCE

FAITE PAR

M. PFISTER, Professeur a la Faculté des Lettres

le 27 Novembre 1892.

De la part de M ....

COMITÉ DE LA CROIX DE BOURGOGNE

MM. 1. AUDIAT, Conseiller à la Cour.
2. BAILLY, Constructeur-Mécanicien.
3. BARBIER, Secrétaire général de la Société de Géographie de l'Est.
4. BARTHELEMY, Membre de l'Académie de Stanislas.
5. BLONDLOT, Professeur à la Faculté des Sciences.
6. BOIDIN, Conseiller de Préfecture.
7. BOPPE, Sous-Directeur de l'Ecole Forestière.
8. COLLIGNON, Maître de Conférences à la Faculté des Lettres.
9. DES GODINS DE SOUHESMES.
10. DUVERNOY, ancien Professeur d'Histoire.
11. DUVERNOY, Archiviste.
12. DEGLIN, Avocat.
13. DEMONET, Ingénieur Civil.
14. FAVIER, Bibliothécaire.
15. FLORENTIN, Rédacteur en chef du journal « *La Meurthe et les Vosges* ».
16. GALLÉ (EMILE).
17. GOULETTE (LÉON), Rédacteur en chef du journal « *l'Est Républicain* ».
18. GUYOT, Président de l'Académie de Stanislas.
19. GERMAIN (LÉON), Archéologue.
20. GREFF Fils, Brasseur.
21. GOUTIÈRE-VERNOLLE, Directeur de la « *Lorraine-Artiste* ».
22. GOUY DE BELLOCQ-FEUQUIÈRES, ancien Officier.
23. GRILLON (LÉON), Avocat.
24. HINZELIN, Directeur du journal « *l'Impartial* ».
25. JACQUEMIN, Directeur du journal « *le Bâtiment* ».
26. JACQUOT (ALBERT), Industriel.

MM. 27. LEROY, Typographe.
28. LALLEMAND de MONT.
29. LOMBARD (Paul), Avocat.
30. MASSON, Homme de lettres.
31. MEIXMORON de DOMBASLE (de).
32. METZ-NOBLAT (Antoine de).
33. MOUGENOT (Léon), Consul d'Espagne.
34. MONJOIE (Amédée de).
35. MUSCAT, Entrepreneur.
36. PFISTER, Professeur à la Faculté des Lettres.
37. PAPELIER, Député.
38. PELTIER, Négociant.
39. QUINTARD (Léopold), Avocat.
40. RISTON, Docteur en droit.
41. SCHULER, Architecte des Monuments historiques.
42. SILVIN, Rédacteur en chef du « *Progrès de l'Est* ».
43. STŒBER, Docteur en médecine, Conseiller municipal.
44. THOMAS, Conseiller à la Cour.
45. THIÉBAULT (Jules), Architecte.
46. WAGNER, (René), Homme de lettres.
47. VERGNE, Notaire.
48. WIENER (L). Conservateur du Musée Lorrain.
49. LARGUILLON, Chef d'Escadron en retraite.
50. .....

Membres du Bureau :

Président : L. BOPPE. *Trésorier* : WIENER.

Vice-Président : COLLIGNON. *Secrétaire* : GREFF.

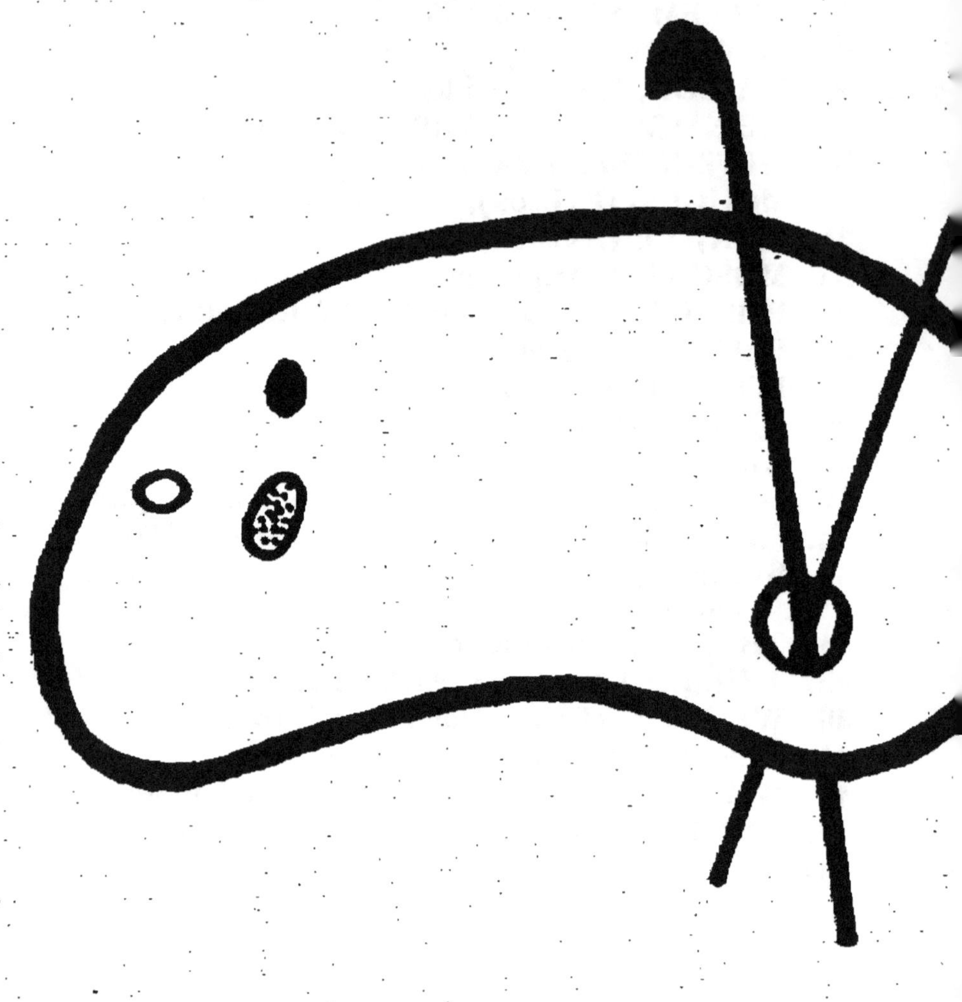

FIN D'UNE SERIE DE DOCUMENTS
EN COULEUR

LA BATAILLE DE NANCY

LA

BATAILLE DE NANCY

(5 Janvier 1477)

Mesdames, Messieurs,

Dans l'un des nouveaux quartiers qui ont été englobés en ces derniers temps dans la ville de Nancy, se dresse un modeste monument, composé d'un piédestal et d'une simple colonne que surmonte une croix de Lorraine. Ce monument qu'assurément vons connaissez tous, que tous, dans une pensée pieuse, vous avez visité, s'appelle la *Croix de Bourgogne*. Dans notre entretien de ce soir, je voudrais vous dire ce qu'il signifie, vous exposer les évènements en souvenir desquels il a été érigé. Parlant au nom du comité qui vient de se constituer, je voudrais vous convaincre combien il est nécessaire, je ne dis pas de conserver ce monument en son état actuel, mais de le remplacer par un autre moins modeste. La croix de Bourgogne a pu rester telle que nous la voyons, tant que l'endroit où elle s'élève était encore la campagne ; mais aujourd hui que ces terrains font partie intégrante de notre cité, qui s'énorgueillit de son surnom très mérité de *Nancy-la-Belle*, elle doit céder la place à un autre trophée. plus digne de notre ville, plus digne aussi des glorieux faits qu'elle a été destinée à rappeler.

Ces faits ont, Mesdames et Messieurs, une grandeur épique et je pourrais commencer ma conférence comme le poète son épopée : *Arma virumque cano.* Nous célèbrerons un peuple qui a su résister avec la plus grande énergie, malgré les défections de quelques nobles, malgré toutes les fatigues d'un long siège, malgré les horreurs de la faim, à un ennemi des plus redoutables, menaçant son indépendance nationale : nous célèbrerons un jeune prince qui a su être l'âme de ce peuple et qui, par son courage et son intrépidité, l'a conduit à la victoire.

Ce prince est le duc René II et c'est à son avènement, en l'année 1473, qu'il nous faut prendre notre récit.

A cette date, la Lorraine n'était encore qu'un tout petit état ; le duché de Bar n'en faisait point encore partie : le Barrois appartenait au grand-père de René II, au roi René, et le roi de France, Louis XI, cherchait à le réunir à son royaume. Les possessions des évêques de Metz, de Verdun et de Toul formaient dans le duché de Lorraine des enclaves nombreuses et d'une grande étendue, dont les habitants étaient en général hostiles aux Lorrains ; ceux de Metz, en particulier, avaient contre les gens de Nancy et de Lorraine une haine fort vive et, dans toute cette lutte de René II avec le Téméraire, leurs sympathies seronnt du côté de la

Bourgogne. Un certain nombre de seigneuries féodales, comme celles de Bitche, de Salm, de Faulquemont, etc., achevaient de déchiqueter la Lorraine en une série de tronçons. Telle était à peu près la situation du pays, quand le jeune René II de Vaudémont en prit possession.

René II était alors un tout jeune homme : il avait seulement 22 ans, mais il avait reçu une éducation brillante, il était fort instruit et se plaisait surtout aux travaux de la géographie (plus tard, on lui dédiera le livre où, pour la première fois, figurera le nom d'Amérique). Ce n'était pas seulement un savant, mais encore un homme d'action. Il avait déjà fait ses preuves de courage, en se battant dans le royaume de Naples contre les Aragonais, pour la cause de la maison d'Anjou. Il était en outre profondément religieux, et cette piété sincère lui donnait des admirateurs, à cette époque où la foi était vive. On racontait avec enthousiasme que, dans un pèlerinage à Notre-Dame de Sion, il avait gravi la côte un pied chaussé et l'autre nu. Ajoutez qu'il avait une figure douce et gracieuse, des yeux bleus d'une expression spirituelle, des manières affables et polies ; rien qu'à le voir, on ne pouvait s'empêcher de le beaucoup aimer.

Aussitôt que René II eut été nommé duc de Lorraine, il s'empressa d'accourir de Joinville, où il se trouvait, dans sa bonne ville de Nancy. Le clergé en surplis, avec croix et encensoirs, les seigneurs en costumes de cérémonie, les bourgeois en habits de fêtes allèrent au-devant de lui jusqu'à Ludres. L'entrée dans Nancy fut solennelle ; le cortège pénétra par la porte Saint-Nicolas, située au commencement de la Grande-Rue, sur la place actuelle de Vaudémont ; il traversa cette rue jusqu'à la collégiale Saint-

Georges, sur la place de la petite Carrière, aux cris mille fois répétés de Noël ! Noël ! Dans l'antique église, le duc baisa dévotement les reliques du saint, enfermées dans une châsse d'argent ; puis, à haute voix, suivant la coutume, il prêta le serment de conserver les libertés et les droits de la noblesse, du clergé et du commun peuple.

Après toutes ces réjouissances, il fallait songer aux affaires sérieuses et faire face à une situation qui n'était point enviable. Un immense danger menaçait la Lorraine. Le puissant duc de Bourgogne, Charles le Téméraire, cherchait à s'en emparer. A cette date de 1473, il était maître au sud de notre pays de la duché et de la comté de Bourgogne (Franche-Comté) ; au nord, il possédait la Flandre et toutes ces principautés qui ont depuis formé les deux royaumes de Belgique et de Hollande ; son père avait conquis le Luxembourg, dont faisaient partie Thionville, Montmédy, et qui avoisinait notre pays au nord. Ce n'est pas encore tout. En 1469, le duc d'Autriche, Sigismond, maître en partie de la Haute-Alsace, et pressé par ses dettes, lui avait engagé, contre paiement d'une forte somme d'argent, ses états alsaciens, c'est à-dire le comté de Ferrette, les villes de Belfort, Thann, Altkirch, Ensisheim; et la Lorraine, déjà menacée au sud et au nord, l'était encore à l'est. Aussi Charles regardait-il notre pays comme une proie ; il voulait, en s'en emparant, réunir les tronçons épars de ses états, assurer la communication entre Bruxelles et Dijon ; il songeait à ce moment à se faire donner par l'empereur Frédéric III le titre de roi de Bourgogne, et à ressusciter, en prenant la Lorraine, l'ancien royaume de Lotharingie. La conquête du pays lui semblait facile ; il ramassait des troupes nombreuses au nord, à Thionville, et déjà des soldats bourguignons parcouraient en tous sens la province, détroussant le paysan et vivant de pillages.

Le duc René II, pour échapper à ce danger, songea d'abord à demander l'appui de la France ; il signa, presque aussitôt après son avènement, un traité d'alliance avec Louis XI, le 27 août 1473; mais Charles le Téméraire en eut vent ; il se montra plus hostile que jamais à la Lorraine ; il menaçait de la réduire à feu et à sang. Du reste, il avait à la cour de Nancy un parti puissant. Les seigneurs lorrains admiraient la générosité, le luxe du duc bourguignon ; ils préféraient l'alliance de ce prince chevaleresque, à la mine fière, au caractère énergique, à celle du diplomate retors, du politique rusé qui s'abaissait à employer de si petits moyens. Puis, Louis XI, pressé par René II de le défendre contre le Téméraire, faisait la sourde oreille. Que restait-il dès lors à faire à notre jeune prince ? Se jeter dans les bras du duc, pour que ses états ne fussent pas entièrement submergés. Il traita avec lui le 15 octobre, il mit son duché sous la protection du Téméraire ; il accorda aux soldats bourguignons libre passage à travers le duché ; et bientôt même, pour garantie, il livra à Charles cinq places de sûreté, Dompaire non loin du Madon, Darney dans la vallée de la Saône ; Epinal et Charmes qui commandent la Moselle, le château d'Amance, qui domine la trouée menant des bords de la Seille à Champigneulles et de là à Nancy. Très fier de ce succès diplomatique, Charles se rendit à l'entrevue que l'empereur lui avait assignée à Trèves. Tout était prêt pour le couronner roi de Bourgogne. Le sceptre, le manteau, les autres insignes étaient placés dans l'église de Saint-Maximin. Dans le chœur était dressé le trône de l'empereur ; un peu au-dessous, un trône tout semblable pour le nouveau roi. Mais ici se produisit un coup de théâtre ; dans la nuit qui précéda le jour fixé pour le couronnement, l'empereur disparut, sans dire un adieu au duc. Humilié par le faste déployé par Charles, par ses habits de velours, ses pierreries, sa vaisselle d'or et d'argent, il l'avait quitté. Le Bourguignon était très irrité ; il se hâta de retourner à Dijon et, en chemin, il vint visiter son nouvel allié, René II. Le duc de Lorraine alla au-devant de lui jusqu'à Bouxières-aux-Dames et lui fit de grandes démonstrations d'amitié. Ils entrèrent ensemble dans Nancy, le 15 décembre au soir, par la porte de la Craffe, au bruit d'une triple décharge d'artillerie. Pendant trois jours, Charles resta dans nos murs et assista à de belles fêtes. Le peuple lorrain y prenait sa part avec d'autant plus d'entrain que le temps était magnifique. Après d'abondantes pluies qui avaient marqué l'automne, les prairies, en dépit de l'hiver, s'étaient tapissées de violettes ; les arbres s'étaient couverts de fleurs nouvelles; aussi on était tout entier à la joie. Quand le Téméraire parcourut les rues de notre ville, enivrée de ce long été de la Saint-Martin, pouvait-il se douter que trois années plus tard, au milieu du plus rigoureux des hivers, il trouverait la mort non loin de là, dans les glaces de l'étang Saint-Jean ?

Le traité d'alliance signé entre René II et Charles le Téméraire livrait la Lorraine à la discrétion du duc de Bourgogne. Pendant toute l'année 1474 et jusqu'au milieu de 1475, notre pays fut parcouru en tous sens par les troupes lombardes, au service du Téméraire. Les ravages causés par cette soldatesque étaient terribles. Les mercenaires enlevaient les vivres aux paysans, sans rien payer, et maltraitaient de la façon la plus cruelle ceux qui faisaient des réclamations. Tous les jours, on venait raconter à René II de nouveaux méfaits causés par ses alliés; il adressa des représentations au Téméraire qui ne les écouta pas. Cependant, à ce moment précis, il se forma contre la tyrannie de Charles une redoutable coalition; la Haute-Alsace secoua le joug du bailli bourguignon, Pierre de Hagenbach, qui paya de sa vie, le 4 mai 1474, les services rendus à son maître. Les Suisses se joignirent aux Alsaciens, et gagnèrent sur les officiers du duc la sanglante bataille d'Héricourt, prélude de journées encore plus glorieuses. Charles, au lieu de marcher contre ces ennemis, s'obstinait à prêter main-forte à l'archevêque de Cologne et mettait au nom du prélat le siège devant la ville de Neuss, située sur le Rhin. Et ce siège se prolongeait pendant des mois et, à cause des renforts qu'on amenait au Téméraire de Dijon et de l'Italie, notre pays souffrait plus que jamais. René était enfin décidé à secouer le joug. Il fit alliance avec le roi de France Louis XI, qui prit l'engagement formel de le protéger contre ses ennemis et qui promit de ne faire aucune paix ni trêve avec le duc de Bourgogne sans y comprendre le duc de Lorraine. Il s'allia ensuite par un pacte en bonne forme avec les villes alsaciennes; il s'allia même avec l'empereur, qui lui accorda un droit de protectorat sur les villes de Metz, Toul et Verdun; et, fort de tous ces traités signés, il n'hésita pas à rompre avec le Téméraire de la manière la plus solennelle. Le 9 mai 1475, l'un de ses serviteurs se présenta sous les murs de Neuss, devant la tente de Charles, pour lui remettre un cartel au nom de son maître; saisi de peur, il ne put articuler aucune syllabe, se contenta de tendre la lettre de défi et de jeter par terre un gantelet ensanglanté. Puis il s'enfuit au plus vite; on le rejoignit et on le ramena au Téméraire. Celui-ci lui fit remettre 12 florins et un somptueux habit. « C'est pour l'amour des bonnes nouvelles que tu m'as apportées », dit-il avec simplicité. Quelques jours après, le héraut de Lorraine se présenta à son tour au camp; il venait porter la déclaration officielle de la guerre. Les garnisons bourguignonnes avaient été chassées des places qu'elles occupaient: la Lorraine voulait être indépendante.

Cet acte d'audace du jeune duc allait attirer sur notre pays les plus grands malheurs. René II s'était d'abord jeté hardiment sur le Luxembourg, avec le sieur de Craon, lieutenant de Louis XI ; il avait pris Damvillers et ravagé les terres de l'évêché de Metz, qui lui était hostile ; mais tout d'un coup, la situation changea. Charles le Téméraire était profondément irrité contre le duc de Lorraine : il avait juré de se venger d'une façon éclatante de celui qu'il appelait *l'enfant* ; lui, qui, depuis neuf mois, s'obstinait à prendre cette bicoque de Neuss, renonça tout à coup à continuer le siège; il fit sa paix avec l'empereur, qui, lâchement, abandonna le duc René. Ce n'est pas encore tout. A la suite de négociations avec le roi de France, il signa avec lui. à Soleuvre, en Luxembourg une trêve de neuf années (13 septembre). Cette trêve fut un odieux marché ; le Téméraire promit de livrer le connétable de Saint-Pol à Louis XI, qui nourrissait contre lui une haine féroce. Louis XI, en revanche, abandonna à la vindicte du Bourguignon le duc de Lorraine, que, quelques mois auparavant, il avait excité à la guerre. Louis XI n'avait plus rien à perdre en fait d'honneur ; mais, désormais, il était interdit au Téméraire de se donner comme le représentant des idées chevaleresques ; il avait maculé son collier de la Toison d'or et s'était montré aussi fourbe que le roi de France. Seules, les villes alsaciennes restèrent fidèles à René ; seules, elles le soutiendront dans l'orage terrible qui fondait sur lui.

En effet, à peine la trève de Soleuvre était-elle signée, que Charles se précipita sur la Lorraine. Déjà le général Campo-Basso, un Napolitain qui était à son service, avait emporté Conflans et Briey ; déjà le bâtard de Bourgogne, venu de la Franche Comté, avait mis main basse sur Darney et Bulgnéville, lorsque Charles en personne accourut, grinçant des dents, dans notre pays.

Le 24 septembre 1475, il faisait son entrée à Pont-à-Mousson ; il emporta bientôt Condé-sur-Moselle, aujourd'hui Custines ; le 30 septembre, il passa sous le canon de Nancy et alla, le 1er octobre, faire un dévot pèlerinage à Saint-Nicolas.

René avait bien vu qu'avec ses seules ressources il ne pourrait pas défendre son duché, mais il ignorait que Louis XI avait décidé de l'abandonner ; il se rendit donc auprès du roi de France pour lui rappeler sa promesse, pour lui montrer la lettre signée de sa main, scellée de son sceau, par laquelle il s'engageait à l'aider de toutes ses forces, en cas d'invasion de la Lorraine.

Mais René perdit à la cour de France un temps précieux, et, pendant ce temps, la conquête de la Lorraine s'achevait ; les villes furent prises les unes après les autres ou se rendaient au duc. Charmes, Mirecourt, Saint-Dié, Lunéville, Epinal, furent occupées par le vainqueur. Bientôt, il ne demeura à René que quelques places à l'est, comme Sarrebourg, et la capitale, Nancy. Le 24 octobre 1475, le Téméraire commença le siège de la ville.

A ce moment, messieurs, la ville de Nancy

était loin d'avoir la même étendue que de nos jours. Elle ne comprenait que les quartiers qui forment aujourd'hui la Ville-Vieille. Son enceinte formait un rectangle : elle longeait, d'un côté, la place de la Carrière actuelle et les jardins de la division, laissant en dehors le terrain marécageux où plus tard sera la Pépinière ; elle tournait ensuite du côté du Nord-Ouest, le long des rues qui portent aujourd'hui les noms de rue Braconnot et rue des Glacis. Les maisons qui, sur le cours Léopold et la place de l'Académie, bordent ces trottoirs tout couverts de soleil nommés la petite Provence, marquent le troisième côté de l'ancienne enceinte. La rue de la Pépinière occupe l'emplacement des remparts, du quatrième côté. L'artère principale de la ville était la Grande-Rue, qui aboutissait aux deux seules portes : d'une part, la porte de la Craffe avec ses tours, debout encore aujourd'hui ; d'autre part, la porte Saint-Nicolas, sur la place des Chameaux ou place de Vaudémont ; — celle-ci a été démolie en 1847. Sur les deux autres côtés du rectangle, il y avait en outre deux poternes : à la hauteur de la rue actuelle de la Monnaie, se trouvait la poterne Saint-Jean, ainsi appelée parce qu'elle faisait face à la commanderie Saint-Jean, dont la tour, datée du XIIe siècle, existe encore, et forme le plus ancien monument de notre cité ; de l'autre côté, percée dans les murs du palais ducal qui se confondaient avec ceux de la ville, la poterne, appelée *poterne derrière le court*, donnait accès sur les terrains de la Pépinière actuelle. De distance en distance, des tours flanquaient la muraille : la plus importante protégeait la poterne Saint-Jean ; c'était la *grosse tour*, qui occupait à peu près le coin de la rue actuelle des Michottes. Un fossé étroit, peu profond, bordait partout le pied du rempart ; au delà de ce fossé, on voyait quelques ouvrages détachés, appelés des barbacanes. En dehors de la ville, il y avait trois faubourgs assez peuplés. Le faubourg Saint-Nicolas et le faubourg Saint-Thiébaut occupaient l'emplacement des deux rues qui ont conservé ce nom. Le faubourg Saint-Dizier était non point là où est aujourd'hui la rue Saint-Dizier ; il s'étendait au delà de la porte de la Craffe, depuis les Trois-Maisons jusqu'à Boudonville. Tous ces faubourgs furent rasés, comme les arbres qui environnaient la place, pour ne pas gêner la défense. Cette défense fut confiée au bâtard de Calabre, fils naturel de René d'Anjou, oncle, par suite, de René II. Il avait sous ses ordres environ 3,000 hommes : c'étaient presque tous des Alsaciens, et, en particulier, des Strasbourgeois, qui étaient accourus au secours du duc de Lorraine. Les soldats étaient, du reste, secondés par la population de Nancy, qui comptait à ce moment environ 5,000 âmes, et par des paysans qui, en grand nombre, étaient venus chercher un refuge derrière les murs de la cité.

Charles le Téméraire s'était établi dans les ruines du faubourg Saint-Thiébaut, près de la commanderie Saint-Jean, et ses soldats s'étendaient, d'une part, dans le faubourg Saint-Nicolas, d'autre part, dans celui de Saint-Dizier. Ils étaient ainsi assez rapprochés des remparts, et souvent des conversations s'échangeaient entre assiégeants et assiégés. Les tranchées furent creusées avec rapidité ; néanmoins, la ville se défendit courageusement. Vous connaissez par les histoires générales quelques anecdotes qu'on raconte sur le fameux siège d'Orléans, en 1429, avant que la ville ne fût délivrée par Jeanne d'Arc. Les chroniqueurs lorrains nous ont laissé sur le siège de Nancy des récits non moins curieux. Ils citent avec admiration les exploits de Nicolas des Grands-Moulins, un vrai enfant de Nancy. Il montait souvent sur la grosse tour et chantait de joyeux refrains, en s'accompagnant de ses castagnettes. Et, souvent, les Bourguignons lui criaient : « Hé ! le chanteur, viens nous dire ta chanson ! » Nicolas ne se faisait pas prier : il arrivait ; et, aussitôt les flèches pleuvaient sur lui. sans que, jamais, il ne pût être atteint, et ces flèches, on les ramassait pour en faire don à Monsieur saint Sébastien.

Cependant, les vivres firent défaut dans la place, où il y avait beaucoup de bouches inutiles. Puis aucun secours ne venait. Le roi Louis XI amusait René II par de vaines promesses, tandis qu'il se liait davantage avec le Téméraire, pour pouvoir assouvir sa haine contre le connétable de Saint-Pol ; le duc de Bourgogne, de son côté, négociait avec les Suisses et les villes alsaciennes pour les empêcher d'accourir au secours de Nancy.

Au bout d'un mois de résistance, la ville dut se rendre. Le 25 novembre 1475, René II permit au bâtard de Calabre de capituler. Le Téméraire accorda des conditions assez douces : il permit aux soldats qui avaient défendu la ville de s'éloigner, avec armes et bagages. Il jura de respecter les droits et les privilèges de la cité ; puis, quelques jours après, le 30 novembre, le jour de la saint André, patron des Bourguignons, il fit son entrée dans la ville : il se rendit à la collégiale Saint-Georges, où il agit absolument en souverain de la cité. Il convoqua pour le 27 decembre les États de Lorraine : là, il fit aux Lorrains de grandes promesses : il annonça que Nancy deviendrait la capitale de ses immenses domaines, que la ville prendrait une grande extension et que bientôt elle s'étendrait jusqu'au gué de Tomblaine ; la noblesse, les d'Haussonville, les d'Haraucourt : les d'Armoises applaudirent; mais, au fond de la population, celle qui ne recherchait point les dignités et ne se souciait point de l'ordre de la Toison d'or, la haine de l'étranger subsistait vivace et, avec cette haine, grandissait la pitié pour le jeune duc dépossédé, qui remplissait de ses vaines plaintes la cour de France.

Charles ne devinait pas ces dispositions de la foule : quand il quitta la Lorraine, le 11 janvier 1476, il se croyait maître absolu du pays. A ce moment, il voulait châtier les Suisses, qui avaient contribué à renverser sa domination en Alsace, qui, à diverses reprises, avaient envahi la Franche-Comté et qui venaient de faire une guerre acharnée à son allié, le comte de Romont, seigneur du pays de Vaud. Il était persuadé que bientôt il aurait raison de ces pâtres et de ces bouviers. Mais les Suisses opposèrent au duc de Bourgogne la plus héroïque des résistances et le monde, stupéfait, apprit que, sur les bords du lac de Neuchâtel, à Granson, ils avaient remporté un éclatant triomphe, le 3 mars 1476. Les canons, les riches tentes, la vaisselle d'or et d'argent du duc, ce fameux diamant qui, aujourd'hui, se nomm le Régent, étaient tombés entre les mains des vainqueurs. Cette défaite abattit pendant quelque temps l'âme altière du duc de Bourgogne; plusieurs jours durant, il resta plongé dans le plus noir chagrin ; personne n'osait ni l'aborder, ni lui parler. Enfin, il se ressaisit pour se venger. Il jura l'extermination des Suisses.

Mais, de nouveau, sous les murs de la petite ville de Morat, la fortune des armes le trahit, le 11 juin 1476. Dans l'armée suisse, à la tête d'un détachement de cavalerie, combattait le duc de Lorraine, René II. Il avait enfin compris qu'auprès de Louis XI, il perdait son temps et que le moment de l'action était arrivé. L'héritage qu'il fit de sa grand'mère,

Marie d'Harcourt, lui avait permis de lever quelques troupes et il était accouru ; avant le combat, il s'était fait armer chevalier, et, pendant l'action, il s'était toujours montré là où le danger était le plus fort ; il se révéla véritablement ce jour-là.

En recevant de la Suisse ces nouvelles inouïes, toute la Lorraine avait tressailli. Immédiatement après Granson, le bâtard de Vaudémont et quelques seigneurs restés fidèles à René II s'emparèrent, sur une garnison bourguignonne, du château de Vaudémont ; Vézelise, Pont-Saint-Vincent tombèrent bientôt entre les mains de ses fidèles. Une surprise livra à René II la place de Bruyères. Puis, après Morat, les partisans du duc de Lorraine devinrent plus nombreux ; Mirecourt fut emporté ; Epinal se livra elle-même à son duc ; la garnison de Lunéville demanda à traiter. Peu à peu, la Lorraine tout entière, à l'exception de Nancy, appartenait de nouveau au maître légitime. Maintenant, il s'agissait pour René d'emporter sa capitale. Au début de septembre 1476, il vint, surtout avec des troupes strasbourgeoises, mettre le siège devant la place. Seulement, René voulait épargner à sa ville un bombardement ; le siège ne s'avançait pas et ce ne fut que lorsqu'il apprit l'approche de Charles qu'il se décida à agir avec vigueur. Il fit tirer sur la courtine, entre la grosse tour et la porte Saint Nicolas ; il se servit, pour les approches, des travaux exécutés l'année précédente par les Bourguignons. Bientôt la situation, pour les partisans du Téméraire, devint insupportable dans Nancy. Le gouverneur bourguignon, Jean de Rubempré, seigneur de Bièvres, avait contre lui la population ; ses soldats étaient des mercenaires, et il ne pouvait leur payer leur solde : ils se révoltèrent. Il n'y avait point à Nancy de vivres et l'on fut contraint de manger de la viande de cheval. Puis on n'avait absolument aucune nouvelle du duc, dont on ne pouvait s'expliquer l'inaction. Malgré tout, Bièvres ne voulut pas se rendre; il y fut forcé par ses troupes. Le 6 octobre, il capitula ; on lui permit de se retirer avec les honneurs de la guerre ; on promit le pardon aux seigneurs lorrains qui s'étaient déclarés pour la Bourgogne, et, le 7 octobre, la garnison étrangère sortit par la porte de la Craffe. René fit son entrée dans la ville aux acclamations de ses sujets enfin délivrés. Il n'y resta que deux jours et se rendit à Saint-Nicolas, où l'on pouvait trouver des vivres en abondance et à bas prix.

Il était temps que Nancy se rendît. Deux armées de secours, l'une venue des Pays-Bas, l'autre de la Bourgogne, celle-ci commandée par le Téméraire en personne, qui brûlait de réparer toutes ses défaites, accouraient. De Bièvres s'était retiré de Nancy le 7 octobre ; le 11, le Téméraire était à Toul et apprenait avec fureur que la ville qu'il venait délivrer était au pouvoir de l'ennemi. Pendant quelque temps, les deux adversaires s'observèrent sur les deux rives de la Moselle, le Téméraire sur la rive gauche au sud de Dieulouard, René II de l'autre côté à Autreville. On crut qu'un combat décisif allait s'engager, quand Charles eut pu passer la Moselle ; mais René II n'osa pas avec les troupes indociles dont il disposait engager la bataille ; il abandonna successivement ses positions de la côte Sainte-Geneviève et de Mousson, échappa à son adversaire en se portant sur la rive gauche du fleuve, qu'il franchit à Liverdun, les cavaliers portant en croupe les fantassins. Il vint à Nancy, où l'on tint un conseil de guerre ; il y fut décidé que René partirait pour l'Alsace et la Suisse, et rassemblerait une armée de secours. Nancy s'engageait à se défendre pendant deux mois au moins. A la tête de la garnison, qui se montait à environ 2,000 hommes, fut placé Jean de Bron, celui qu'on nommait familièrement le petit Jehan de Vaudémont.

A peine René avait-il quitté la ville que le Téméraire en commençait l'investissement, le 22 octobre. C'était le troisième siège qui commençait ; ce fut aussi le plus glorieux. L'armée qui entourait la place était, les écrivains allemands le reconnaissent, d'au moins 20,000 hommes. Néanmoins, la garnison et les habitants furent fidèles à la promesse donnée à René : ils résistèrent jusqu'au bout. L'artillerie bourguignonne faisait rage ; les tours furent abattues : néanmoins, personne ne parla de se rendre. Les vivres vinrent bientôt à manquer, mais l'on tua les chevaux, l'on mangea de la viande de chien, l'on fit la chasse aux rats et on les dévora en guise de venaison.

De loin en loin, les Nancéiens eurent des nouvelles de René et furent encouragés ainsi dans leur résistance. Au début de novembre, un chevalier lorrain, Suffren de Baschi, avait tenté de forcer les lignes des Bourguignons ; mais il fut pris près de la porte de la Craffe et pendu par les ordres du Téméraire. Oh ! si alors le Téméraire l'avait écouté, il aurait peut-être appris de sa bouche qu'un Italien de son armée, Campo-Basso, était entré en négociation avec René et le trahissait. Quelques compagnons de Suffren avaient cependant pénétré dans la place et annoncé une armée de secours. Pourtant rien n'arrivait. En décembre, un Gascon, nommé Pied-de-Fer, quitta la ville assiégée, réussit par son sang-froid à percer la ligne ennemie et arriva jusqu'à Zurich, pour porter au duc des nouvelles de sa ville assiégée. Un peu plus tard, ce fut un marchand de Mirecourt, nommé Thierry, qui, échappé de Nancy, réussit à voir le duc et rentra dans la ville assiégée. Il annonça, cette fois-ci, l'armée de délivrance et les nouvelles qu'il apportait donnèrent du cœur à tous.

D'ailleurs, la situation du Téméraire n'était pas beaucoup meilleure que celle des assiégés. Cette fois-ci, il avait attaqué Nancy sans avoir conquis la Lorraine et il laissait derrière lui tout le pays soulevé. Des partisans lorrains enlevaient les soldats bourguignons qui s'égaraient hors du camp ; un chef de bandes, Malhortie, campé à Rosières-aux-Salines, surprenait souvent les mercenaires ennemis qui venaient chercher à Saint-Nicolas quelque repos et des distractions faciles ; le bâtard de Vaudémont, campé à Gondreville, survint une nuit par la forêt de Haye et fit prisonnier dans Laxou tout un détachement de cavalerie. Ainsi, la campagne environnante n'était pas sûre. Au début, l'argent et les vivres arrivèrent bien au Téméraire par la route de Metz, qui était libre; mais, à la fin, les convois qui venaient par ce chemin furent arrêtés, et tout fit défaut dans le camp bourguignon. Pour comble de malheur, l'hiver fut excessivement rigoureux ; l'armée assiégeante périssait de froid. La nuit de Noël fut particulièrement dure : 400 hommes moururent ou eurent les pieds et les mains gelés. Ajoutez à cela que le Téméraire était trahi par quelques-uns de ses officiers : Campo Basso était entré en pourparlers avec René II, qui lui promettait pour prix de son abandon la possession de Commercy.

Et l'armée de secours approchait ! René II rencontra d'abord de nombreuses difficultés à lever sa troupe. Les cantons suisses, qui voyaient l'ennemi loin d'eux, excités d'ailleurs par le légat du pape, Alexandre de Forli, lui faisaient des objections inattendues :

tous ces obstacles irritaient d'autant plus le duc lorrain qu'un temps précieux s'écoulait et que la situation de Nancy devenait plus désespérée. Enfin, il renonça à l'idée de réunir une armée suisse auxiliaire ; il leva simplement des mercenaires de cette nation, en leur promettant double solde ; des troupes alsaciennes s'ajoutèrent à eux et René fut à la tête d'une armée d'environ 9,000 hommes. Elle se mit en route le 26 décembre 1476 et le 3 janvier 1477, elle était à Saint-Nicolas. Les bandes lorraines qui tenaient la campagne, averties, s'étaient concentrées déjà dans cette ville ; elles comptaient, elles aussi, environ 9,000 hommes, si bien que l'armée de délivrance était composée de 18,000 soldats. En entrant dans Saint-Nicolas, les Suisses découvrirent plusieurs Bourguignons qui étaient cachés dans les maisons : ils les égorgèrent en pleine rue, ou bien, en les rassemblant par groupes de cinq ou six, ils les précipitèrent du haut du pont dans la Meurthe, où ils les enfoncèrent à coups de pique. Ils étaient décidés, pour venger une trahison du Téméraire à Granson, à ne faire aucun quartier. A Saint-Nicolas, le traître Campo-Basso vint joindre avec ses bandes le duc René II, mais les Suisses ne voulurent pas combattre avec lui. Il fut décidé qu'il garderait, au nord de Nancy, les ponts de Bouxières et de Condé-sur-Moselle pour couper toute retraite aux Bourguignons, si Dieu donnait la victoire à la bonne cause.

Campo-Basso put apprendre au duc de Lorraine les dispositions prises par l'ennemi. Malgré toutes les objurgations de ses conseillers, Charles résolut de livrer la bataille. Il abandonna s... camp, qu'il laissa à la garde d'un petit détachement, et alla se porter sur la route qui mène de Saint-Nicolas à Nancy.

Si aujourd'hui vous suivez, le long du chemin de fer de Strasbourg, le quai qui a reçu de ces événements le nom de quai de la Bataille, vous verrez, à côté du Sacré-Cœur, un petit ruisseau qui vient de la côte de Vandœuvre, qui passe ensuite sous terre le long de la rue de Nabécor, et qui, en face de Tomblaine, se jette dans la Meurthe. Ce ruisseau est appelé, d'une ancienne maladrerie, ruisseau de la Madeleine. Il limite du côté de Nancy une éminence, qui, de l'autre côté, est bornée par le ruisseau de Jarville, au pied de l'église de Bon-Secours. C'est sur cette hauteur que Charles posta son armée. Il plaça son aile gauche le long de la Meurthe, qui, à cet endroit, avait un gué. Ce gué se trouvait, avant le creusement du canal. vis-à-vis de la rue du Bord de l'Eau. Il confia le commandement de cette aile à un Italien du nom de Jacques Galeotto. Sur le sommet de l'éminence, près de l'église actuelle de Bon-Secours, il établit le centre de la *bataille* qu'il commandait lui-même ; là aussi, sur un tertre aujourd'hui disparu, il disposa son artillerie pour balayer la route de Saint-Nicolas. Son aile droite venait ensuite ; elle s'appuyait sur le bois de Saulrupt, qui couvrait à cette époque une très grande étendue de terrain, entre les ruisseaux de la Madeleine et de Jarville, et qui s'étendait même au-delà de ces ruisseaux, occupant d'un côté le Montet, l'avenue de la Garenne actuelle, dominant de l'autre côté, sous le nom de bois de Jarville, la petite ferme de la Malgrange. Josse de Lalain commandait cette aile droite. Ces dispositions prises, le 5 janvier au matin, Charles attendit son adversaire. Monté sur son beau cheval noir Moro, il brûlait du désir de se battre. Cependant, les gens de Nancy, étonnés de tout ce mouvement au camp ennemi, firent, à sept heures du matin, une sortie ;

avec des fascines, ils mirent le feu aux tentes, puis rentrèrent dans la ville, ne se doutant pas encore à ce moment que le secours était si près.

De grand matin, René II avait quitté Saint-Nicolas ; comme c'était le dimanche, veille des Rois, il avait entendu fort dévotement la messe dans l'ancienne église; la basilique ne pouvant contenir tous les soldats, des autels avaient été même dressés dans la rue. Le cortège se forma en bon ordre ; tous se groupèrent autour de la bannière ducale, qui représentait l'Annonciation. L'on passa à Laneuveville ; dans le clocher de l'église, l'on trouva un espion bourguignon ; on le jeta par une fenêtre dans le cimetière. Puis, toujours par la route, l'on arriva à l'extrémité méridionale du village de Jarville. Là, on tint conseil et l'on forma le plan de bataille.

Ce plan fut exposé aux Suisses par le capitaine Vautrin Wisse, qui savait très bien l'allemand. Les Bourguignons, à cause du temps sombre et du brouillard, n'avaient pas encore vu les troupes lorraines ; on laissa donc simplement sur la route quelques hommes résolus, pour attaquer directement de face le Téméraire ; cette troupe devait être suivie des chariots et des bagages, pour que le duc se persuadât que toute l'armée allait déboucher par cet endroit. Cependant le gros des forces prit un chemin de traverse, avec le duc René II ; on franchit avec peine le petit ruisseau de Heillecourt, grossi par les eaux ; l'on passa tout près de la ferme de la Malgrange, puis l'on cotoya le bois de Saurupt, qu'on laissait à droite ; ce bois séparait les Lorrains en marche des Bourguignons rangés en bataille. L'on fit alors une halte ; un prêtre suisse leva en l'air une hostie et encouragea une dernière fois les troupes à se battre. « Le Dieu de David est pour nous. » Tous se mirent à genoux, traçant sur la terre ou dans la neige des croix qu'ils baisèrent avec dévotion. Puis les Lorrains quittèrent la lisière du bois et s'engagèrent dans ce qu'on appelle dans notre pays une *charrière*, c'est-à-dire un chemin pratiqué dans une forêt pour son exploitation. Cette charrière descendait de Vandœuvre vers la Meurthe. A ce moment, une neige assez fine se mit à tomber et déroba cette marche aux Bourguignons qui tenaient tête au détachement resté sur la route. Les Bourguignons ne s'aperçurent de la présence à dos des ennemis que lorsque ceux-ci eurent franchi le bois. Derrière le Téméraire, retentit tout d'un coup le son des cors suisses ; le taureau d'Uri et la vache d'Unterwald firent fureur; comme à Granson, comme à Morat, ils sonnaient la défaite du Bourguignon. Le mouvement tournant avait tout à fait réussi.

A la neige fine qui était tombée le matin succéda tout à coup un beau soleil d'hiver et ses rayons mirent la joie au cœur des assaillants. Les Suisses tombèrent d'abord sur l'aile droite des Bourguignons et la massacrèrent entièrement: ce fut un carnage épouvantable, car les Suisses ne faisaient aucun quartier. A l'aile gauche, Galeotto franchit tout simplement le gué de Tomblaine et s'enfuit jusqu'à Metz. Restait alors le centre, la bataille où était le Téméraire. Mais les Bourguignons étaient accablés par le nombre. Quelques-uns vendirent chèrement leur vie ; les autres s'enfuirent vers leurs tentes, du côté de la commanderie Saint-Jean. Mais, à ce moment, les gens de Nancy furent certains de la délivrance : joyeuses, les cloches de Saint-Georges et de Saint-Epvre annoncèrent aux habitants l'heureuse nouvelle ; on fit une sortie, on enleva tout ce qui se trouva au camp, notamment la tente du Téméraire. Les malheureux Bourguignons, pris maintenant entre les Nancéiens et l'armée de secours, étaient partout traqués, entendaient partout les jurons des Suisses ou des Alsaciens. Ils étaient enfermés dans ce triangle que forment la Moselle et la Meurthe avant de se réunir; il fallait franchir quelque part ces rivières : deux seuls ponts se présentaient à eux, ceux de Bouxières-aux-Dames et de Condé; ils s'y précipitèrent, mais là les attendait le traitre Campo-Basso. Il fit un très grand nombre de prisonniers qu'il se hâta d'envoyer dans la ville de Commercy, pour les mettre à rançon; il laissa de la sorte le temps aux Suisses d'accourir. Il y eut alors une véritable boucherie; plus de 600 soldats furent massacrés. Quelques fugitifs s'engagèrent sur la rivière gelée; mais la glace se rompit et beaucoup périrent dans les eaux. Quelques Bourguignons avaient dans leur fuite gagné la forêt de Haye, mais ils furent massacrés par les paysans ou faits prisonniers. Quelques-uns réussirent à franchir les rivières opposées; toute d'une haleine, ils coururent jusqu'à Metz, où on les recueillit à moitié morts de froid et de fatigue, au milieu de la nuit.

Le duc René avait suivi les fugitifs jusqu'au pont de Bouxières. Voyant l'ennemi complétement en déroute, il revint en arrière et fit son entrée dans sa capitale délivrée, à sept heures du soir. On lui montra les ossements des chevaux et des chiens qui avaient été depuis longtemps l'unique nourriture des habitants et il put se rendre compte de ce que ses sujets avaient souffert pendant ce siége de deux mois et demi. Le lendemain, lundi 6 janvier, jour des Rois, on fut en liesse à Nancy : après tant de maux endurés, on dansa dans les carrefours et au repas où l'on put de nouveau manger de la viande de bœuf ou de mouton, l'on répéta avec entrain : « Le roi boit ! la reine boit ! » Ce jour là même, les Suisses qui étaient venus pour délivrer Nancy et qui avaient rempli leur projet, demandèrent à partir. René II les accompagna jusqu'à Lunéville, non sans les remercier chaleureusement de ce qu'ils avaient fait pour son service.

Cependant, une question se posait pour tout le monde ; qu'était devenu Charles le Téméraire ? Les bruits les plus contradictoires circulaient à ce sujet ; les uns prétendaient qu'il s'était sauvé à Metz ; les autres, qu'il avait péri sur le champ de bataille. Le lundi soir pourtant, l'on amena à René II un jeune page du Bourguignon, Colonna, d'une illustre famille romaine. Celui-ci affirmait avoir vu tomber son maître près de l'étang Saint-Jean ; le mardi 7 janvier, conduit par lui, l'on commença les recherches. Elles furent très pénibles ; enfin, près de l'étang, sur un pré marécageux, nommé Virelay, l'on trouva un tas de 13 ou 14 cadavres entièrement nus et rendus méconnaissables par la mort et le froid. On les retourna, on les examina ; enfin, parmi eux, l'on reconnut le duc de Bourgogne. On remarqua à son cou la cicatrice de la blessure qu'il avait reçue jadis à Montlhéry : aucun doute n'était possible ; mais à ces blessures anciennes de nouvelles plaies s'étaient ajoutées pendant le combat. Une hallebarde lui avait fait un large trou depuis les oreilles jusqu'à la bouche ; des loups avaient mangé l'autre moitié de la figure. Les jambes étaient transpercées d'un coup de lance. Comment le Téméraire était-il mort ? Nul ne l'a su et nul ne le saura jamais ; toutes les anecdotes que l'on raconte à ce sujet sont sans valeur historique. Tout ce que nous pouvons conjecturer, c'est que Charles, voyant la déroute sûre, s'était retiré enfin du champ de bataille et dirigé vers la commanderie Saint-Jean. Là, il fut arrêté par l'étang et le ruisseau de Saint Jean (ce qui montre qu'en choisissant ses positions, en laissant derrière lui cet obstacle, il n'avait jamais songé à la possibilité d'une défaite). Sur les bords du ruisseau, dans le pré de Virelay, il fut sans doute rejoint par une bande ennemie et un combat corps à corps s'engagea. La lutte fut acharnée; les seigneurs bourguignons défendirent leur maître avec énergie; parmi les cadavres amoncelés, se trouvait celui du sieur de Bièvres, l'ancien défenseur de Nancy.

On retira le corps de Charles de la glace, on le lava et on le transporta dans l'hôtel de Georges Marqueiz, dans la Grande-Rue. Là il fut exposé pendant quelques jours; toute la ville de Nancy défila devant lui. René le vint voir se mit à genoux et contempla longtemps le mort. Il ordonna de lui faire de magnifiques funérailles, qui eurent lieu le dimanche 12 janvier dans la collégiale Saint-Georges. René II fit élever un magnifique tombeau à son adversaire. Le corps du Téméraire a reposé à Nancy jusqu'en 1550. A cette époque, il fut transféré à Bruges sur la demande de Charles-Quint; le tombeau resta dans notre ville, et a été détruit au XVIIIe siècle, avec la collégiale Saint-Georges elle-même.

On rendit ensuite la sépulture à ceux qui étaient tombés. On enterra les corps à l'endroit même où on les trouva. 600 cadavres furent mis en terre tout près du pont de Bouxières; environ 4,000 sur la hauteur où avait eu lieu le fort de la lutte, près de Bonsecours.

Les Nancéiens pendant longtemps ont célébré le jour du triomphe. Chaque année, à la fête des Rois, une procession solennelle parcourait la ville. Les tapisseries, prises dans la tente du Téméraire, garnissaient ce jour-là à l'extérieur le Palais ducal. Cette procession eut lieu jusqu'en 1737, époque où Stanislas la supprima.

Les conséquences de la victoire du 5 janvier 1477 ont été immenses. Cette journée amena la chute de la puissance bourguignonne ; la Bourgogne proprement dite fut réunie définitivement à la France ; l'Artois et la Franche-Comté lui furent annexées pendant un certain nombre d'années. Le reste de l'héritage des Pays-Bas passa à l'unique fille du Téméraire, Marie, et celle-ci en épousant Maximilien, le porta dans la Maison d'Autriche. Telles furent les conséquences historiques générales de cet évènement ; les conséquences spéciales pour la Lorraine n'ont pas été moins importantes. C'est de ce jour que notre pays a été vraiment connu de l'Europe ; on parlait partout avec enthousiasme de cette petite nation qui, par son courage, sa fermeté, avait su arrêter le duc de Bourgogne. Le nom de Lorraine désormais ira de pair avec celui des plus grands peuples. Notre nationalité prend aussi mieux conscience d'elle-même et à ce moment même elle choisit pour emblème le signe de ralliement employé dans cette bataille mémorable. Ce signe était la double croix, que la maison d'Anjou avait prise pour armoirie, alors qu'elle occupait le trône de Hongrie, que René II avait empruntée à son grand-père le roi René d'Anjou et qui venait de faire ses preuves dans le combat (1). Désormais, cette croix à deux traverses s'appellera la *croix de Lorraine.*

(1) Voir à ce sujet un article de M. Léon Germain : *Origine de la croix de Lorraine.* Revue de l'art chrétien, tome III, 3e livraison, 1883.

Les conséquences de cet évènement se sont aussi fait sentir pour la ville de Nancy. A ce même exploit remontent les armes de notre cité. Le chardon avec cette devise : *Ne mi toquès, il point* (ne me touchez pas, le chardon pique), était un autre emblème employé dans cette guerre contre le Téméraire ; il fut considéré lui aussi comme un symbole de l'héroïque résistance de la nation. Les ducs René II et Antoine s'en servirent fréquemment ; puis peu à peu il fut restreint aux armoiries de la ville et la devise modifiée devint : *Qui s'y frotte s'y pique*. ou bien *Non inultus premor*.

Nancy ne doit pas seulement à cette glorieuse journée ses armes ; quelques monuments durent perpétuer le souvenir de la victoire. René II, pour remercier Dieu de son assistance, fonda, tout près de son palais, le couvent et l'église des Cordeliers ; l'église, à laquelle s'ajouta au début du XVIIe siècle la Chapelle-Ronde, est encore aujourd'hui debout. Puis le même René érigea tout près de Saint-Epvre une fontaine monumentale, et c'est à juste titre que, dans les temps modernes, on l'a décorée de la statue équestre du vainqueur du Téméraire, — ce chef-d'œuvre dû à Schiff. Près de l'emplacement où les Bourguignons étaient tombés en si grand nombre, et où on les avait enterrés, un ermite, encouragé par René II, érigea une petite chapelle : Notre Dame de Bon-Secours, nommée ainsi à cause du secours apporté par le duc aux Nancéiens assiégés. En 1738, la nouvelle église, construite par Stanislas, remplaça les anciennes constructions. Sur le trottoir, devant l'hôtel Marquiez, l'on plaça un pavé en marbre noir pour rappeler l'exposition du corps du Téméraire ; en 1839. ce pavé fut démoli et on le remplaça par la date funèbre de 1477, dont les chiffres encadrent une croix de Lorraine (1). Il me faut encore rappeler un autre souvenir de cette journée. Si le casque et l'épée du Téméraire, pris dans sa tente dans la journée du 5 janvier 1477, ont disparu pendant la Révolution, nous possédons encore la magnifique tapisserie qui en ornait les parois et qui répresente le triomphe de la tempérance sur la gourmandise. Cette tapisserie demeura à l'Hôtel de Ville de la place Mengin (place du Marché), au moment où le descendant de René II quittait son pays pour épouser l'héritière des Habsbourgs. Lorsqu'on construisit le nouvel Hôtel de Ville, l'on confia la garde de la célèbre tapisserie à la Cour souveraine et la Cour d'appel la garda dans son local, l'ancien hôtel de Beauvau-Craon, jusqu'en l'année 1861, où elle voulut bien la céder au Musée lorrain.

Un dernier monument nous a conservé le souvenir de cette bataille ; c'est la croix de Bourgogne, celle là même que nous nous proposons de restaurer. La croix que vous connaissez n'est point celle que René II fit élever au lendemain de la grande bataille. Le monument primitif était beaucoup plus simple encore. Elle était composée d'un piédestal en pierres de taille appareillées et d'une croix de Lorraine en bois. Sur le piédestal figuraient ces vers :

> En l'an de l'incarnation
> Mil quatre cent septante et six (2)
> Veille de l'Apparution (3),
> Fuct le duc de Bourgogne occis ;

(1) Voir la brochure de Cayon : *Modification du pont commémoratif de la Ville-Vieille.*

(2) (1477, nouveau style).

(2). Veille du jour des Rois. On emploie aujourd'hui le mot grec Epiphanie, qui a le même sens ; le jour où Dieu s'est fait connaître aux hommes.

Et en bataille icy transy,
Où croix suis misse pour mémoire ;
Rene, duc des Lorrains, Mercy
Rendant à Dieu de sa victoire (1).

Au début du XVIIe siècle, cette croix tombait en ruines; elle fut relevée par le gouverneur de Nancy, Elisée d'Haraucourt, qui fit graver à nouveau, assez mal d'ailleurs, l'inscription primitive, et y ajouta le souvenir de la reconstruction :

Et tombée en l'an 1610,
De Haracourt, gouverneur de Nancy
Seigneur d'Acraigne, d'Alem, et Muravau,
En aoust m'a fait relever de nouveau. (2)

En 1760, la pierre qui portait l'inscription tomba et fut cassée en deux. Le magistrat de Nancy en fit mettre une autre et profita de l'occasion pour réparer le piédestal. Il ajouta à l'ancienne inscription la mention de ce changement :

Réparée par le magistrat de Nancy en juillet 1760, sous le règne de Stanislas le Bienfaisant.

Ordinairement aux époques de pluie, le pied du monument était dans l'eau ; et l'on ne pouvait s'en approcher qu'en temps de sécheresse. Durival, qui nous donne ce détail, en ajoute un autre fort curieux sur l'étang même : « Cet étang, dit il, est fort poissonneux et on y trouve des moules très grandes. » Le monument actuel, assez laid, ne date que de

(1) Voir Cayon, *Mémoires et monuments de la bataille de Nancy.*

(2) Durival, t. IV, p. 90.

1822. Peu après, le terrain marécageux où elle était située fut profondément modifié. Dans les années 1846-1848, l'Etat acquit l'étang Saint-Jean et les terres voisines pour la construction du chemin de fer, et sur une partie de l'étang s'élève la gare des marchandises ; en 1877, sur l'autre partie de l'étang, vis-à-vis de la rue Jeanne d'Arc, la Compagnie de l'Est fit construire ses ateliers. Un chemin élevé conduit perpendiculairement de la rue Jeann d'Arc à une nouvelle rue, nommée rue de la Croix-de-Bourgogne, et sur ce chemin, l'ancien monument, d'abord élevé à la hauteur de la rue Jeanne d'Arc, a été transporté.

Tel est l'état actuel ; que nous proposons-nous de faire ? A cette question, nous ne pouvons encore vous faire de réponse précise. Nous espérons que la municipalité voudra bien acquérir les terrains avoisinant la croix et promettre d'y établir, dans la suite, un square. Au milieu de ce square, nous comptons remplacer, avec la permission de la commission des monuments historiques, la croix actuelle par un monument plus artistique, suivant les plans que nous fourniront les artistes lorrains, et suivant aussi les ressources dont disposera le comité. C'est à vous, messieurs de nous fournir ces ressources. et c'est à vous, Nancéiens et Lorrains, que j'adresse un appel, avant de terminer. Nous ouvrirons prochainement une souscription et nous espéronsque tous vous tiendrez à contribuer à notre œuvre. Nous voudrions que le monument répondit à la grandeur des faits que je viens de vous rappeler. Ce monument nouveau sera un hommage que nous rendrons à la mémoire d'un ennemi vaincu, tombé courageusement ; il sera la glorification du duc de Lorraine qui a délivré son pays, celle aussi de tous les soldats qui ont combattu avec lui, des humbles qui ont souffert de la faim dans les murs de Nancy plutôt que de se rendre. Aux générations suivantes il dira les exploits de nos aïeux. Aujourd'hui la petite patrie lorraine n'existe plus ; il n'y a plus qu'une patrie, la patrie française, qui s'étend du Rhin aux rives de l'Atlantique, de Strasbourg à Brest, en passant par Nancy. Notre monument, élevé à la gloire des anciens Lorrains, apprendra à tous que notre devoir envers la grande patrie française n'a d'autre limite que celle même de notre existence.

NANCY. — Imprimerie Centrale de l'Est.

www.ingramcontent.com/pod-product-compliance
Lightning Source LLC
LaVergne TN
LVHW020304230826
846091LV00006B/2511

* 9 7 8 2 0 1 3 3 7 5 4 4 3 *